AF337623

SUITE

DU MÉMOIRE

HISTORIQUE

DES DERNIÈRES RÉVOLUTIONS

DES PROVINCES DE L'OUEST ET DU SUD

DE LA PARTIE FRANÇOISE

DE SAINT-DOMINGUE.

Publié par les Commissaires des Citoyens de Couleur de Saint-Marc et de plusieurs Paroisses de la Colonie, auprès de l'Assemblée Nationale et du Roi.

Sunt lacrymæ rerum et mentem mortalia tangunt.

A PARIS,

DE L'IMPRIMERIE DU PATRIOTE FRANÇOIS,
place du Théâtre Italien.

JUIN 1792, L'AN 4me DE LA LIBERTÉ.

SUITE

DU MÉMOIRE

HISTORIQUE

DES DERNIÈRES RÉVOLUTIONS des provinces de l'Ouest et du Sud de la partie françoise de SAINT-DOMINGUE.

Nous avons exposé, dans notre précédent mémoire, la suite des malheurs que la guerre, les meurtres et les trahisons du Port-au-Prince occasionnèrent dans la plaine du Cul-de-Sac, dans celles de Léogane et du Boucassin. Il est bien d'autres évènemens encore, et qui furent concertés par ces conjurés dont les œuvres abominables se sont étendues jusqu'aux extrémités les plus éloignées de la colonie. Il nous a été impossible de les ranger avec ceux que nous avons tâché de ne pas interrompre. Mais, en parcourant rapidement les principaux quartiers des provinces de l'Ouest et du Sud, nous ajouterons à la chaîne que nous avons développée, tous les anneaux qui y tiennent ; nous confirmerons nos lecteurs dans la juste idée qu'ils doivent avoir des factieux et des indépendans ; nous prouverons enfin que les calomnies répandues sur les mœurs et la conduite des citoyens de couleur, sont aussi horribles que les cruautés et les injustices dont ils ont été les victimes.

LES CAYES.

CETTE ville présentoit, à l'époque du concordat, les heureux effets de l'union des bons esprits ; les amis de la tranquillité publique, qui, dans cette paroisse, avoient été témoins, un mois avant, des tristes résultats d'une guerre déclarée aux citoyens de couleur, avoient prévenus leurs vœux ; ils les avoient appelés avec sincérité à la jouissance de leurs droits, sans autre traité, sans autre engagement que celui de la franchise et de la loyauté. Les citoyens de couleur étoient admis dans la société des amis de la constitution, et un estimable

particulier avoit livré à l'impression un projet
de loi, relativement à leur état politique,
qui réunissoit le double avantage de les sa-
tisfaire et de fixer l'activité des affranchis,
à des termes indiqués par la prudence et
la justice. L'assemblée provinciale de l'Ouest
connut à peine l'ouvrage de M. Billiard,
qu'elle le flétrit et le rejetta comme dangereux. Elle n'auroit pourtant pas réussi à
géner les vœux des honnêtes citoyens de
cette province ; mais vers le milieu du mois
de novembre, M. Cadusch, membre de l'assemblée coloniale, vint aux Cayes, au lieu
de se rendre à la Jamaïque, le lieu de sa
mission, où il alloit traiter avec M. Raboteau,
son collègue, l'emprunt de six millions. Il
a prétexté, dans son mémoire justificatif,
une indisposition qui l'obligea de se rendre à
terre. Quoiqu'il en soit, son influence fut
bien terrible, puisque la municipalité de
cette ville subrogea, dès le lendemain de
son arrivée, une assemblée de paroisse,
qui avoit pour objet l'acceptation du traité
de paix de la province de l'Ouest. Bientôt
après, il n'en fut plus question. L'esprit
de haine, la doctrine du cruel missionnaire
prévalurent, et les citoyens de couleur, ins-

truits des malheurs de leurs frères de l'Ouest, pensèrent à leur sûreté, et se campèrent à la *ravine sèche*, d'où ils ne voulurent plus sortir, malgré les concordats proposés et concertés par leurs ennemis même. Ils ne provoquèrent aucune hostilité ; mais l'assemblée provinciale du Sud, fidelle aux suggestions reçues et combinées, publia un arrêté, le 25 décembre, par lequel elle ordonnoit à tous les habitans blancs de se rendre dans la ville, suivis du dixième de leurs nègres, en armes. A peine quelques-uns eurent souscrits à cette perfide manœuvre, que les liens de la troisième classe furent comme brisés. Des êtres grossiers, et portés naturellement à des actes de férocité, profitèrent du moment où ils voyoient leurs maîtres employer leurs bras pour la guerre. Ils assassinèrent eux-mêmes plusieurs planteurs ; ils répandirent à cette fois une alarme qui chassa véritablement tous les blancs dans la ville. Les plaines étant abandonnées, les citoyens de couleur, toujours en armes et fortifiés, ne voulurent point tenter aucune entreprise sur les Cayes. Ils se conformoient, dans leur modération, à la conduite de ceux du Cul-de-Sac. La municipalité cependant, effrayée de ce qu'ils pouvoient faire, ayant obtenu cinq cens hommes du régiment de Provence, de MM. les commissaires nationaux-civils, abusa de ces forces, et trahissant la loi de douceur qui lui étoit prescrite, les dirigea contre les citoyens de couleur. Ils essuyèrent une vive et longue attaque, dans laquelle les pertes furent égales de part et d'autre. Mais les blancs inhumains, ayant fait plusieurs prisonniers, commirent une épouvantable atrocité. Un chef, nommé Bleck, qui combattit généreusement pour la cause la plus juste, eut le malheur de tomber entre leurs mains, et fut roué vivant dans la ville des Cayes. Le système d'horreur et d'opposition provoqua par la suite le désordre de tous les ateliers, et dans le mois de février, les plaines et les montagnes de cette dépendance étoient livrées aux révoltés. La coupable conduite de l'assemblée du Sud, et le voyage de M. Cadusch dans plusieurs paroisses de la province, disséminèrent des prétentions dans la troisième classe, nécescitèrent divers rassemblemens des citoyens de couleur, et la guerre civile et le soulèvement furent successivement allumés à

Cavaillon, aux Côteaux, aux Cayes de Jac-mel, etc. Mais dans le plus grand nombre des paroisses, et sur-tout à Saint - Louis, place forte, les citoyens de couleur furent et restèrent les maîtres.

* * *

JÉRÉMIE.

Cette paroisse, une des plus étendues du Sud, n'offre pas une population proportion-née à son territoire; mais les petits blancs et les factieux y ont toujours dominé de-puis l'établissement de la municipalité : ils y ont aussi concerté les plus atroces com-plots. Nous ne saurions taire le nom de *la Chaise*, de cet émissaire du Cap, qui a le plus influé à la trahison qui fut opérée vers le milieu du mois de novembre, contre les citoyens de couleur. Prévenus par des com-missaires de l'assemblée coloniale, peu instruits des démarches de leurs conci-toyens de la province de l'Ouest, ils avoient maladroitement désavoué le concordat du 11 septembre, et s'étoient livrés à la dis-crétion des blancs et de l'assemblée colo-niale. Malgré cet acte de soumission, le

barbare la Chaise, autorisé par la municipalité, dirigea une expédition pour les dé-
sarmer, ce qui fut fait avec succès. On leur
ordonna alors de se rendre au bourg, pour
une fédération. C'est là qu'ils furent chargés de fer et jetés dans plusieurs bâtimens
pêle-mêle, enfans, femmes et vieillards,
n'ayant pas même la consolation d'être rap-
prochés selon leurs liens et leurs rapports.
C'est de cette prison que plusieurs ont été
successivement tirés pour souffrir le supplice
et la mort; c'est là qu'ils ont vu plusieurs
fois le moment où ils alloient être coulés
bas; c'est pendant une aussi horrible cap-
tivité, dont nous ne connoissons pas encore
la fin, que les scélérats et les brigands ont
pillé leurs habitations et dévasté leurs propriétés. Faut-il s'étonner qu'après une aussi
barbare action, les frères *Page* des Caïmites,
se soient eux-mêmes portés à des actes de
férocité? Il est vrai, ils ont surpris et assassiné une famille entière de blancs de la
grande Anse; mais à quoi ne peut conduire
l'excès de l'oppression et de l'inhumanité?
Quel cri perçant de vengeance et de désespoir ne se fait pas entendre à celui qui,
se voyant dévoué à la proscription, n'a de

l'appui que dans le sentiment et la force de
son bras? Au reste, les frères *Page* ne sont
point *mulâtres*; ils ont toujours été regardés
comme descendans d'une famille indienne.
Ces malheureux étoient peut-être animés
de cette haine que les derniers d'un peuple
immense doivent naturellement porter aux
Européens.

Les malheurs de Jérémie troublèrent tous
les quartiers circonvoisins; ils retentirent
jusqu'au *Fond Bayard* et aux *Caïmites*;
ils reveillèrent les passions, ils provoquèrent la vengeance et le désespoir. Des planteurs blancs et de couleur trouvèrent dans
leurs voisinages le motif ou le prétexte de
leurs animosités. Les nègres servirent aux
uns et aux autres; le soleil éclaira de grands
crimes,... et l'ébranlement donné à une
foule d'êtres tranquilles jusqu'alors, opéra
la dévastation et la ruine....

JACMEL.

La conjuration du Port-au-Prince fut le
signal de celle de Jacmel. Cette paroisse avoit
concouru au traité de l'Ouest, en vertu

duquel les citoyens de couleur avoient été
reçus et admis dans la ville comme des frères
et des amis. Ils en furent chassés le 22 novembre, après avoir laissé surprendre leurs
munitions et les principaux postes. Leur
camp, à deux lieues du bourg, fut renforcé
par ceux du Trou-Coffy.

La nécessité d'opposer des forces suf-
fisantes à leurs ennemis, les obligea d'ap-
peler à leur secours de dangereux alliés.
Romaine Rivière, le Mahomet de Saint-Domingue, voulut conduire l'expédition, et ne
fit rien pour le bien public. Après avoir
adroitement mécontenté les chefs de couleur de cette paroisse, qui pouvoient main-
tenir le bon ordre, il s'empara du comman-
dement, et se rangea autour de Jacmel
pour l'assiéger. Ses victoires étoient des dé-
vastations dans la campagne. Tous les jours
quelqu'aurore boréale présentoit au loin
l'effrayante clarté de ses incendies. Les citoyens de couleur pénétrèrent plusieurs fois
dans le bourg de Jacmel, mais ils ne purent
s'emparer des forts. Cette guerre civile fut
longue et cruelle, parce que le grif espa-
gnol usoit à tort et à travers de ses forces
et de l'impunité de ses excès. Nous devons

remarquer que les blancs de cette paroisse s'étoient rendus d'autant plus coupables, lorsqu'ils chassèrent les citoyens de couleur du bourg, qu'ils avoient concouru au traité de paix de l'Ouest, et qu'ils avoient également envoyé des commissaires au conseil de la Croix-des-Bouquets. Ils portèrent donc un peu plus loin l'esprit de trahison. Ils furent eux-mêmes les auteurs de leurs tribulations, et ils ne furent pas plus sages lorsque MM. les commissaires nationaux-civils leur ordonnèrent de ne provoquer aucune hostilité. Ils furent fortifiés par quelques petits bâtimens de l'état, que M. le général eut grand soin de leur envoyer ; c'est ainsi qu'il contribua à la continuation des troubles et des récriminations de cette paroisse.

PETIT GOAVE.

Nous n'avons que d'horribles scènes à rapporter de cette petite paroisse de la province de l'Ouest, où les soi-disant patriotes ne respectèrent pas mieux que ceux du Port-au-Prince, le concordat et le traité de paix. Ils avoient fait de terribles essais de leur scélératesse, avant même la guerre des citoyens de couleur. Ennemis de toute autorité, et sur-tout de celle qui protége les propriétés; étayés du prétexte de la révolution, ils avoient assassiné M. Ferrand de Baudières, ancien sénéchal, qui s'étoit avisé d'écrire en faveur des citoyens de couleur. M. Desainte-d'Opson essuya un même sort au milieu d'eux. Maîtres du fort, ils en firent une fois un étonnant usage sous le gouvernement de M. Peinier; ils accueillirent avec des boulets rouges un brick de l'état, qui, pour quelque mission particulière, venoit au mouillage; quelques hommes de l'équipage furent tués; le commis aux vivres perdit un bras dans cette attaque imprévue. Jamais ces turbulens et sanguinaires amis *de la patrie* n'eurent plus de hardiesse qu'après la révolution que firent les bataillons d'Artois et de Normandie; ils ne laissèrent plus exister un seul honnête homme dans la paroisse, et ils se coalisèrent tous contre les citoyens de couleur, au premier bruit de leurs demandes et de leur rassemblement au Mirebalais et au Cul-de-Sac. Ils envoyèrent des commissaires à l'assemblée provinciale de l'Ouest, pour prêter en ses mains le serment scandaleux d'exterminer jusqu'au dernier de leurs *mulâtres*. Ils demandèrent et obtinrent, pour soutenir leurs projets, un bâtiment chargé de munitions de guerre, de bouche et de matelots. Pour intimider les uns, alarmer les autres, ils s'emparèrent premièrement de six familles, pères, mères et enfans, les jettèrent aux fers comme des otages qui devoient répondre de la conduite des autres, qui furent obligés, pour conserver ces malheureux, de dévorer en secret leur émulation et leur ressentiment.

En attendant, les propriétés des prisonniers furent confisquées au profit de la *nation*; car cette formule a couvert bien des crimes à Saint-Domingue. Le traité de paix de l'Ouest n'étoit pas encore conclu, que le petit Goave étoit un théâtre de sang; plusieurs hommes de couleur y avoient été assassinés. — Une aussi grande persécution ménagea tout l'avantage aux citoyens de couleur, lorsque le traité de paix fut accepté. Ils furent et demeurèrent les plus forts au petit Goave; mais avant la trahison du Port-au-Prince, ils n'avoient point abusé de leurs forces. Les conjurés étoient en peine pour pénétrer chez eux, les affoiblir et propager le désordre dans leurs plantations. Ils n'ont jamais pu réussir. En effet, leur première tentative fut terrible. Dès le 22 novembre, des émissaires furent expédiés du Port-au-Prince sur des corsaires armés. Ils mouillèrent fort à leur aise ; ils débarquèrent au nombre de 22, et furent aussi-tôt prisonniers. La visite de leurs malles ayant présenté des effets précieux, volés pendant l'incendie du Port-au-Prince, et un butin composé de vaisselle marquée au coin de quelques particuliers connus, leur mort fut tumultueusement prononcée, et ils périrent avec quelques autres factieux, dont le sort n'inspire du regret qu'à cause de la violation des droits de l'humanité. La réflexion qui suivit une scène aussi sanglante, resserra les liens des blancs et des hommes de couleur ; ils la signalèrent par une nouvelle fédération ; et depuis six mois, la tranquillité de cette paroisse a été aussi constante que la conservation de ses propriétés : elle a servi d'asyle à tous les émigrés de la bande du Sud.

SAINT-MARC.

CETTE ville est une des plus agréables
et des mieux habitées de la colonie. Ce n'est
pas dans ses murs que les factieux sont nom-
breux , c'est dans les environs et les vastes
quartiers de sa dépendance. L'ancienne assemblée coloniale les avoit assez bien ralliés ,
et en avoit retiré tous les services qu'elle
pouvoit en exiger. Malgré ceux-ci, les vrais
et bons citoyens jouirent assez long-temps
de la douce tranquillité et des éloges honorables qui leur avoient été décernés par
l'assemblée nationale. Ils furent cependant
bien fatigués et vexés , tantôt par leur municipalité , tantôt par les indépendans de
l'Artibonite ; car cette plaine n'a presque
que de ces propriétaires qui veulent se ré-
générer à cause de leurs dettes. La révolution du 5 mars enhardit tous ces êtres , qui
ne perdirent pas l'espoir de raffermir leur
système : chacun espéroit avoir son lot. Si
l'un croyoit composer avec ses créanciers et
le commerce , l'autre voyoit une belle place
devant lui , et les autres salariés jugeoient,

par analogie, qu'en cas de besoin, ils auroient
le pillage et les successions des morts. D'aussi
belles espérances furent frustrées à l'époque
du traité de paix de l'Ouest. Les citoyens
de couleur firent leur entrée dans la ville ;
la factieuse municipalité fut congédiée ; les citoyens réunis ne voulurent avoir qu'un bureau
de police , dans lequel les deux classes
étoient admises. Malgré la guerre de Cara-
deux et ses impitoyables manœuvres , la ville
de Saint-Marc ne perdit jamais sa tranquillité ;
elle fournissoit des subsistances et des hommes à l'armée combinée , qui travailloit à la
conservation du pays. Que firent les indépendans , à qui des montagnes inaccessibles sem-
bloient opposer des obstacles insurmontables ?
L'assemblée coloniale , d'une part, installa la
municipalité à la grande Saline , qui n'est
qu'un vaste désert qui environne les bouches
de l'Artibonite ; elle y rallia tous les hommes
de bonne volonté qu'elle put gagner , et elle
y envoya des soudoyés , à 4 livres deux sous
six deniers par jour. Ne voyant de citoyens
que dans cette nouvelle colonie de brigands ,
elle arrêta que la *ville de Saint - Marc étoit
au pouvoir des mulâtres*. Cette formule étoit
une déclaration de guerre. L'assemblée pro-

vinciale, de son côté, arma, expédia des corsaires, qui transportoient sans relâche des vivres, des armes et des hommes à la grande Saline : ceux-ci, quelquefois pressés du besoin d'argent, rançonnoient en passant les capitaines et autres navigans. Le commissaire national crut remédier à cette manœuvre, en ordonnant, premièrement, aux citoyens de couleur de Saint-Marc de rentrer dans leur état de nullité politique, et aux blancs, de former une municipalité. L'obéissance fut prompte ; mais l'opération ne valut rien. Les deux assemblées réclamèrent en faveur de l'ancienne municipalité, la seule légale et essentiellement *municipalité*. M. de Saint-Léger reconnut alors l'ancienne, devenue guerroyante à la Saline ; mais il lui ordonna de reprendre ses fonctions dans la ville même et le chef-lieu de la paroisse : il disposa les citoyens de l'une et de l'autre classe à l'accueillir avec bonté. Ceux-ci firent plus, ils l'invitèrent en termes d'amitié et d'oubli du passé. La loyauté offusque les méchans, et les Saliniens municipaux répondirent qu'il n'y avoit que des brigands à Saint-Marc.... Ils vouloient donc se battre, ces généreux défenseurs de leurs

complots ? Pour se fortifier, ils infestèrent
la plaine de divers camps, de divers détachemens ; et comme elle s'étend dans plusieurs paroisses, ils ne manquèrent pas de
factieux et de soldats. Nous devons faire
mention d'un des principaux, le chef et le
camp Borel. Qu'on se représente un impatient
moteur d'anciens troubles, de viles que-
relles, un malhonnête individu, un pro-
priétaire usurpateur, un *richard* ruiné de
dettes, un homme sans mœurs et sans ré-
putation, un lâche, mais obstiné soutien de
son parti : tel est Borel ; et dans son camp
il n'avoit que des scélérats ; et de son camp
il commandoit, il dirigeoit le brigandage
par tout à la ronde ; il soulevoit, il corrom-
poit les esclaves ; il devenoit enfin un objet
de terreur pour les habitans même de son
parti. C'est à ses honorables intentions que
l'assemblée coloniale accorda un surcroît de
forces. Elle fit, par l'entremise du général,
descendre les détachemens d'Artois et de
Normandie, qui, depuis long-temps, étoient au
cordon des Gonaives, pour empêcher la com-
munication des révoltés du Nord. Ce ren-
fort n'étoit que de cent trente hommes ; ils se
campèrent sur une habitation voisine de

Borel. Il n'est personne qui ne préjuge de grands dangers pour la ville, environnée de tant d'ennemis. Point du tout ; fortifiée par la nature bien plus que par l'art , elle étoit encore défendue par de braves gens ; une jeunesse nombreuse et active, des citoyens de toutes les classes et de tout âge la garantissoient , par un service sévère , de toute insulte. Les citoyens de couleur , commandés dans cette paroisse par M. Chanlatte jeune , vivoient sous une discipline vraiment utile , lorsqu'elle a la subordination pour base.

Un autre chef a attiré aussi l'estime et la reconnoissance des amis de l'ordre ; c'est M. *Savari* , président de leur conseil , dont le zèle et l'activité déconcertèrent plus d'une fois les dévastateurs. Citons-en un troisième de la garde nationale blanche ; c'est M. Sommières , dont l'éloge s'explique encore mieux par la difficulté de la circonstance. Avec d'aussi bons moyens de défense , la ville de Saint-Marc a échappé au pillage et à l'incendie. Ses canons, du côté de la mer, ont toujours écarté les corsaires ; et malgré leur vigilance , sa position lui a souvent ménagé l'entrée de bâtimens chargés de

vivres. Que pouvoientdonc faire les ennemis ? Ils n'avoient que des crimes à commettre. Deux citoyens honnêtes, MM. Jeanton et Merlande, voyageant dans la plaine, furent surpris, et aussi-tôt martyrisés, assassinés, hachés et presque mangés. Un pasteur conduisant un convoi, fut rencontré, et les cannibales l'arrêtèrent pour visiter la bière et s'assouvir de chair morte, faute de vivante, car ils empêchèrent l'inhumation. Ils s'exerçoient encore dans la dévastation et le brigandage ! toute autre action leur étoit funeste. Pour avoir été inopinément rencontrés par une patrouille de citoyens de couleur, commandée par M. Chanlatte, ils furent battus, et perdirent dix-sept hommes. Dans un autre de leur camp, on leur fit, d'un coup de main, cent trente prisonniers; enfin dans les premiers jours d'avril, le camp Borel fut attaqué, lors même qu'on tendoit des pièges aux citoyens de couleur qui alloient à la petite Rivière : la bataille fut principalement funeste aux troupes de ligne...
Tant de factieux et de brigands alloient être tous exterminés, lorsque les uns ont pris la fuite, et les autres se sont sauvés par

un nouveau concordat dont il est parlé dans l'article suivant, lequel a été concerté par MM. Pinchinat et Savari.

PORT-DE-PAIX.

Nous ne pouvons donner des détails certains de la trahison opérée dans cette paroisse, où l'assemblée coloniale envoya des troupes dans le mois de mars 1792, quand elle eut appris qu'un concordat avoit uni les blancs et les citoyens de couleur. Mais nous devons rapporter la preuve authentique de cette dernière catastrophe.

COPIE d'une lettre écrite à MM. les Députés des citoyens de couleur de Saint-Marc, et de plusieurs paroisses, auprès de l'Assemblée Nationale et du Roi, par MM. PINCHINAT et SAVARI.

MESSIEURS ET CHERS CONCITOYENS,

« VOUS trouverez ci-joint la copie du » traité de paix que nos frères de la petite » Rivière viennent de conclure avec leurs

» concitoyens blancs du quartier de l'Arti-
» bonite. Vous admirerez notre sagesse et
» notre loyauté , quand vous saurez que
» cent cinquante prisonniers blancs ont été
» mis en liberté , au moment où nous ve-
» nions d'apprendre que trois cens de nos
» frères avoient été mis aux fers au Port-de-
» Paix , par une trahison horrible, et sem-
» blable à celle qui a eu lieu à Jérémie.
» Tous les camps de l'Artibonite et de
» la Saline ont été dissous : les expéditions
» ont été faites avec tant d'ordre et de pré-
» cision , que le calme le plus parfait est
» devenu le fruit de nos opérations. Puisse
» notre conduite éclairer les blancs sur
» leurs vrais intérêts , et leur apprendre à
» devenir sages ! Le quartier du Port-de-Paix
» est maintenant en insurrection , et le bon
» ordre ne sauroit s'y rétablir , puisque tous
» les hommes de couleur de ce quartier
» sont aux fers ou désarmés «.

Nous avons l'honneur , etc.

Signés, *les députés des citoyens de couleur
de Saint-Marc et de plusieurs paroisses de
Saint-Domingue*, CHANLATTE *jeune, ca-
pitaine général*, VIART, DUBOURG.

F. OUVIÈRE, P. adjoint à la députation.